Entrevista de Trabajo:

Las Claves del Éxito

100 Preguntas y Respuestas para Conseguir el Trabajo Soñado

M. E. Brandon

Prólogo

Este libro ha surgido como necesidad de compartir los conocimientos adquiridos durante años de experiencia como responsable de departamentos de recursos humanos en instituciones académicas y empresas internacionales.

Durante ese tiempo tuve la oportunidad de comprobar en primera persona los errores, muchas veces casi insignificantes pero palpables, cometidos por la gran mayoría de los candidatos durante una entrevista laboral y los cuales iban más allá del comprensible nerviosismo del momento.

Este práctico libro le ofrece al lector la oportunidad de aprender todos esos pequeños detalles y aptitudes a llevar a cabo o evitar cuando se desea convencer al interlocutor de que esta frente a su futuro empleado.

INDICE

Capítulo I: La Entrevista de Trabajo

La entrevista de trabajo es un examen al que prácticamente todos debemos enfrentarnos en algún momento de nuestras vidas.

Durante el proceso de selección, los pequeños detalles, gestos y comportamientos, muchas veces imperceptibles, son los que marcarán la diferencia entre un "le tendremos en cuenta para futuras vacantes" y un "¿cuándo podría incorporarse a nuestra empresa?"

No hay que olvidar que la persona que brinda la entrevista no conoce al candidato y, por tanto, juzgará y seleccionará (o no) basándose únicamente en el currículum y en el relativamente corto período de tiempo que dura la entrevista laboral.

Por tanto, a la hora de atender una entrevista de trabajo, aparte de haber preparado previamente una serie de preguntas y pruebas requeridas durante el proceso de selección, hay que evitar ciertos errores, comentarios y actitudes que jugarían un papel negativo durante la prueba.

La siguiente guía práctica es el resultado de muchos años como responsable de Departamentos de Recursos Humanos y sin duda alguna los consejos aquí expuestos marcarán la diferencia a la hora de participar en un proceso de selección.

Capítulo II: Antes de Acudir a la Entrevista de Trabajo

El primer paso para conseguir que se nos "premie" con una entrevista de trabajo es enviar un currículum vítae o solicitud de trabajo (según el caso) adaptada a los requisitos del puesto de trabajo al que se opta y acompañada por una perfecta carta de presentación.

La imagen que se proyecte a través del currículum y la carta de presentación, así como, el grado en el que se consiga impresionar a la persona o personas encargadas del proceso de selección es lo que nos brindará la oportunidad de participar en el siguiente paso del proceso: la entrevista laboral.

Por lo tanto vale la pena invertir tiempo y dedicación en la elaboración de un perfecto currículum y una carta de presentación convincente.

Consejos para elaborar un currículum perfecto

El currículum vitae es el resumen de la historia de la vida académica y profesional de una persona, incluyendo los logros, retos y habilidades obtenidos a lo largo de los años.

Al ser la primera imagen que una empresa obtiene del candidato, es de transcendental importancia que el documento esté bien redactado y contenga la información necesaria para convertirlo en la mejor herramienta de marketing.

Escribir un currículum puede ayudar al candidato a identificar sus habilidades y puntos fuertes y a tener una visión clara de que dirección desea tomar en su carrera profesional. Además, el currículum puede convertirse en la base perfecta para preparar una posible entrevista de trabajo.

El currículum debe ser conciso y profesional y, sobretodo, tiene que estar enfocado lo máximo posible hacia el perfil profesional buscado por la empresa.

Invariablemente, aquellos candidatos que entregan las cartas de presentación y currículums mejor redactados y enfocados hacia las cualidades requeridas en las ofertas de trabajo, son los que finalmente consiguen invitaciones para participar en entrevistas laborales.

- El currículum debe ser presentado en **no más de dos folios sobre fondo claro**, evitando el uso de tipografía de colores y grapas para unir los folios los cuales no deben estar arrugados o doblados ni contener ningún tipo de grabado ni agujeros en el borde.

- Hay que prestar atención a la edición del documento y buscar la perfecta uniformidad con respecto a las negritas, itálicas, números o signos utilizados.

- El tamaño de letra en un currículum no debe ser menor de 10 ni mayor de 14. O sea, ni demasiado pequeña para dificultar su lectura ni demasiado grande para dar la impresión de que se ha recurrido a "rellenar" currículum alargando la letra.

- Se ha de evitar el uso de mayúsculas, limitándolo al comienzo de las frases, párrafos y nombres.

- Hay que evitar vocabulario excesivamente rebuscado o complejo y frases excesivamente largas o narrativas.

- Los verbos a utilizar deben ser verbos de acción que demuestren iniciativa como elaborar, desarrollar, organizar, formar equipos.

- Hay que evitar el uso de argot y vocabulario informal.

- Se debe construir frases potentes que resalten los logros y capacidades.

- Al desarrollar el currículum hay que tener siempre en cuenta el puesto solicitado y escribir un listado de las habilidades y conocimientos requeridos en la oferta relacionándolos con nuestros logros, conocimientos y habilidades lo máximo posible.

Es importante recordar que la persona que facilita una entrevista desea minimizar los daños lo máximo posible y por tanto no va a arriesgarse a contratar a alguien que no demuestre que sus capacidades y logros están relacionados con el puesto ofertado.

- Al comienzo del documento hay que incluir "una declaración de intenciones" o pequeño resumen de pocas líneas que describa con autoridad la experiencia y habilidades del candidato.

- Este párrafo debe estar enfocado lo máximo posible hacia cada puesto de trabajo que se solicite, consiguiendo llamar poderosamente la atención del entrevistador a tal punto que piense **que está frente a la persona a la que desea contratar**.

- Una buena declaración de intenciones u objetivos incluiría una frase corta describiendo la profesión y experiencia del candidato, seguida por dos o tres capacidades o características personales y finalizando con una frase que describa los intereses u objetivos profesionales.

Un dato muy importante a tener en cuenta es que a las empresas no les interesa lo que el puesto ofertado pueda aportarle al candidato sino lo que **el candidato puede aportar a la empresa.**

- Hay que enfocar el currículum como un telegrama, utilizando frases destacadas con la ayuda de signos e ir introduciendo la información necesaria de manera resumida.

Recuerde que el objetivo del currículum, además de informar, es conseguir que el lector se sienta atraído e interesado.

- Nunca se debe incluir información relacionada con preferencias o militancias políticas o religiosas, siendo aconsejable no mencionar cierto tipo de información que no tiene nada que ver con el puesto ofertado pero que puede resultar negativa si la otra persona no comparte la misma ideología.

- No hay que incluir las razones de los períodos de desempleo (si los hubiese) ni tampoco preferencias sobre remuneración, condiciones laborales, dirección completa de empleos anteriores o motivos para dejar trabajos previos. Esta información debe reservarse para una posible entrevista de trabajo.

- Es importante mencionar cursos, aunque no sean reglados, y prácticas de trabajo o períodos de voluntariado. Este tipo de actividades demuestran iniciativa y empeño en el aprendizaje pudiendo ser determinantes cuando el entrevistador tiene que decidir entre varios currículums con trayectorias similares.

- A medida que se va adquiriendo experiencia, se filtrará la información dejando lo más relevante y deshaciéndose de aquella experiencia laboral que ya no sea tan importante o no esté íntimamente relacionada con el puesto de trabajo requerido.

- Es así mismo importante incluir aficiones e intereses cuando sea positivo para el puesto. Por ejemplo, si se solicita un puesto en el cual las relaciones sociales o inquietudes artísticas puedan suponer un dato positivo, éstas se deben incluir en el currículum.

- **Hay que venderse a uno mismo y para ello hay que dejar de lado la timidez y arriesgarse**. El objetivo de un currículum es una entrevista de trabajo y para ello el candidato debe realizar una tarea de marketing enfocada en sí mismo. El CV es el primer contacto que se tiene con el posible jefe y que hay que conseguir, en sólo unos folios, llamar su atención y convencerle de que vale la pena ofrecer una entrevista.

- **¡Cuidado con mentir!** A menudo se confunde marketing con exageración e irremediablemente se cruza la fina línea que separa un concepto del otro. No hay que caer en este error cometido por la gran mayoría de los candidatos.

El peligro radica en que si el currículum consigue su objetivo y se obtiene una entrevista de trabajo, una mentira es fácilmente detectable.

- Es fundamental transmitir una actitud positiva intentando ser honesto a la misma vez que enfatizando los conocimientos y logros.

- Un error cometido a menudo por muchos candidatos es el enviar el currículum por correo electrónico de manera masiva. El abrir un correo electrónico y encontrar una serie de direcciones a las que también se le ha enviado el currículum, no otorgará ninguna credibilidad al hecho de que el candidato está interesado en ese puesto en concreto, reduciéndose significativamente las posibilidades de obtener una entrevista de trabajo.

- Una vez finalizado el documento hay que revisar la gramática y la ortografía. Para ello se ha de imprimir el documento y leerlo detenidamente en busca de errores.

- Un currículum con faltas de ortografía da al lector la impresión de que si el candidato no es capaz de escribir dos folios tan importantes para su futuro sin cometer errores gramaticales, no será capaz de desarrollar cualquier documento que se le requiera en el desarrollo de su actividad profesional.

- Es más, si se envía el currículum para un cargo intermedio o alto (o el puesto requiere el desarrollo de tareas de elaboración de documentos), **un error gramatical a menudo resulta imperdonable.**

- La revisión final del documento ha de incluir una perfecta y completa reproducción de la dirección de la empresa, así como, la dirección completa del candidato permitiendo a la empresa ponerse en contacto.

Al revisar el documento, es fundamental contestar con total honestidad una serie de preguntas:

¿Está el currículum debidamente enfocado al puesto solicitado?

¿He incluido toda la información necesaria?

¿He resaltado debidamente mi potencial incluyendo puntos fuertes, logros, conocimientos, habilidades y experiencia?

¿He incluido información irrelevante?

¿He relacionado mi experiencia, logros y conocimientos con lo requerido por el puesto?

¿Qué es lo que está buscando la empresa?

Y sobre todo, hay que ponerse en la piel de la otra persona y contestar:

¿Por qué debería conocerte y ofrecerte una entrevista?

Por último, cabe recordar que la mayoría de los candidatos cometen errores en sus currículums, sobre todo el de no personalizar el documento enfocándolo a cada uno de los trabajos solicitados. **Un currículum vitae bien escrito y personalizado resaltará como una piedra preciosa entre la baratija** multiplicando significativamente las posibilidades del candidato de participar en un proceso de selección.

Tipos de currículum

Currículum cronológico

Este es el tipo de currículum más utilizado por los candidatos. Se puede escribir de atrás a delante o viceversa, siendo más común hacerlo de pasado a presente, ya que, a medida que la vida laboral o académica de una persona avanza se obtienen más responsabilidades y/o titulaciones siendo normalmente los últimos logros aquellos más valorados.

También resulta útil cuando se posee experiencia laboral en el mismo sector, aportando una visión más clara de la progresión profesional del candidato.

Currículum funcional

El currículum funcional se enfoca más hacia las habilidades, conocimientos y logros del candidato.

Posiblemente no es tan claro y fácil de leer como el cronológico pero resulta especialmente útil cuando se posee poca experiencia laboral o se desea enfatizar logros académicos.

Este tipo de currículum no se centra en una experiencia laboral en concreto sino que describe las habilidades desarrolladas y los logros y conocimientos obtenidos a lo largo de la vida académica y/o profesional.

Currículum combinado

El currículum combinado incluye la misma información que los dos anteriores pero mezclando ambos estilos lo cual lo convierte en el más completo de los tres.

La carta de presentación

La carta de presentación es el documento indispensable a enviarse junto con el currículum si realmente se desea participar en el siguiente paso del proceso de selección.

Diversas estadísticas llevadas a cabo por organismos oficiales y agencias de colocación dejan claro que el incluir una carta de presentación bien redactada aumenta significativamente las posibilidades de conseguir una entrevista de trabajo.

Junto con el currículum vitae, la carta de presentación es la tarjeta de visita de cualquier candidato. Por consiguiente, es importante que cumpla con creces su máximo objetivo: **el ser una herramienta de marketing que venda la imagen del candidato.**

Antes de comenzar la escritura de la carta de presentación es recomendable desarrollar un pequeño esquema de contenido e ir incluyendo la información que se crea conveniente.

Existen una serie de normas que hay que cumplir a la hora de escribir una carta de presentación:

- El documento no puede tener más de un folio de tamaño y color estándar (claro). El folio empleado no debe estar arrugado ni contener ningún tipo de grabado o agujeros en el borde, siendo del mismo tipo de papel y color que el empleado en el currículum adjunto.

- Nunca se debe grapar la carta de presentación al currículum ni incluir colores, ni en el folio ni en la letra utilizada.

- La carta de presentación ha de ser clara, concisa y directa, escrita en un tono formal y teniendo mucho cuidado de no cometer faltas de ortografía o gramática.

- Es fundamental que la dirección de la empresa esté claramente especificada y bien escrita. Es más, el incluir el nombre de la persona encargada del proceso de selección (a veces queda especificado en la oferta) aumenta de manera significativa las posibilidades de obtener una respuesta positiva.

- Si al acabar las rondas de entrevista el responsable de las mismas se encuentra en la situación de tener que elegir entre varios candidatos que poseen conocimientos y experiencia similares, estos pequeños detalles son los que pueden marcar la diferencia.

- Un dato importante es no enviar nunca fotocopias de cartas de presentación (esto se aplica también a los currículums), ya que, a las empresas les gusta sentirse "especiales" para los candidatos.

- Si se envía una carta de presentación por correo electrónico, es aconsejable incluirla en el cuerpo del correo. Si se desea enviar como documento adjunto es fundamental que se escriban unas líneas en el correo en sí y que el documento se adjunte con el nombre de carta de presentación. De otro modo, la carta de presentación corre el riesgo de ser identificada como correo basura y borrada.

- Es fundamental que la persona encargada del proceso de selección tenga la sensación de que el candidato está claramente **interesado en esa posición y esa empresa en concreto** y no simplemente en conseguir un trabajo (cualquier trabajo), aunque ese sea el caso.

- El transmitir interés por esa posición en concreto, ofrece al entrevistador la sensación de que el contratado será leal a la empresa y posiblemente desee desarrollar su carrera laboral en la misma con lo cual el tiempo, esfuerzo y dinero invertido en su contratación y proceso de adaptación se verá ampliamente recompensado.

- La carta de presentación ha de ser un resumen claro y conciso de lo especificado en el currículum vitae. Es importante no repetir las mismas frases que en el currículum sino captar la esencia y resaltar lo más importante.

- Hay que utilizar verbos de acción como organizar, desarrollar, elaborar, coordinar.

- Las frases deben ser claras y cortas al igual que los párrafos haciendo la lectura más fluida y amena y, por tanto, aumentando las posibilidades de que el futuro contratante lea la carta en su totalidad.

- Se debe utilizar un lenguaje positivo y optimista, resaltando logros y habilidades pero sin traspasar el límite de la arrogancia o dar una imagen de "sabelotodo".

- Hay que leer atentamente la descripción del puesto ofertado y enfocar las habilidades y logros incluidos en la carta de presentación hacia lo requerido por el contratante.

- Un error muy común consiste en enviar cartas de presentación y currículums sin enfocarlos a los requisitos buscados por la empresa con lo cual se da la sensación de que no se ha prestado atención a la descripción del puesto ni se ha empleado el tiempo y esfuerzo suficiente en producir una carta de presentación adecuada.

- Entonces el contratante se preguntará si vale la pena otorgar una entrevista a alguien que no ha demostrado el suficiente interés en el puesto ofertado.

- No se debe incluir información personal como aficiones o intereses, algo que se puede mencionar de manera concisa y formal en el currículum.

- Una vez concluida la carta se debe revisar por si hay que incluir o eliminar a la vez que se corrigen posibles errores ortográficos y gramaticales. Si se tiene la posibilidad, hay que pedirle a otra persona que lea el documento.

  Alguien que no está implicado en la elaboración del escrito será capaz de detectar posibles errores con más facilidad.

Estructura de la carta de presentación

La estructura y contenidos básicos de una carta de presentación pueden ser resumidos de la siguiente manera:

Saludo

En el primer párrafo o saludo el candidato debe presentarse e incluir como se ha tenido conocimiento de la oferta laboral (donde, y si es posible, cuando se ha visto el anuncio de la misma).

Introducción

Se trata del segundo párrafo el cual incluye las razones por las cuales el candidato se siente atraído hacia el puesto de trabajo ofertado y hacia esa empresa en particular.

Cuerpo Principal

Este es el **párrafo más importante de la carta y el que a buen seguro garantizará una entrevista si se escribe correctamente.** En este párrafo el candidato debe "venderse" utilizando un lenguaje positivo y optimista a la vez que firme y seguro.

En el cuerpo principal se debe incluir de forma resumida y **enfocada hacia los requisitos solicitados por el contratante** los conocimientos obtenidos, las habilidades (naturales o desarrolladas a través de la experiencia académica y laboral), los retos superados y los logros obtenidos. En resumen, se debe **describir las aptitudes y fortalezas del candidato y como éstas pueden beneficiar a la empresa.**

Despedida

La despedida debe ser formal pero también cercana, evitando frases típicas como "esperando noticias suyas" e intentando ser un poco más creativo.

En la despedida es importante mencionar fechas en las que **no** se estaría disponible para una entrevista con el fin de evitar futuros problemas de agenda al entrevistador. También se debe agradecer a la persona por el tiempo invertido y firmar el documento.

Capítulo III: Preparar una Entrevista de Trabajo

No hay que desestimar la oportunidad que se nos brinda de participar en una entrevista de trabajo ni olvidar que todo el esfuerzo y empeño invertido en la elaboración de un correcto currículum y carta de presentación tiene como objetivo esta oportunidad. Por consiguiente, merece la pena invertir algo de esfuerzo y tiempo en preparar una entrevista que podría significar un cambio o mejora en la vida laboral del candidato.

Hay una serie de consejos a tener en cuenta a la hora de preparar una entrevista de trabajo:

- Lo primero que se debe hacer tras ser invitado a una entrevista de trabajo, es ponerse en contacto con la persona responsable en la empresa para confirmar asistencia.

- Obtener toda la información posible sobre la empresa o institución que ofrece la entrevista. Para ello se puede visitar la página Web de la empresa y familiarizarse con su historia, progresión, personal y proyectos y exponer parte de estos conocimientos durante la entrevista de trabajo cuando sea oportuno, transmitiendo la impresión de estar realmente interesado en formar parte de la compañía. Además, tener información sobre la empresa también puede servir al candidato para hacer algunas preguntas al final de la entrevista.

- Revisar concienzudamente el currículum vitae. No hay que olvidar que el CV es el documento en el cual se basará gran parte de la entrevista. Por ello, se ha de desarrollar un listado de las habilidades, puntos fuertes, virtudes y técnicas para conocerlos en profundidad y explotarlos lo máximo posible en la entrevista.

También se debe crear un listado de los puntos débiles del candidato con el objetivo de aprender a defenderlos durante un proceso de selección si surge la situación.

- Hacer un listado con los requisitos (titulaciones, experiencia y habilidades) descritas en la oferta laboral y desarrollar una serie de posibles preguntas que los entrevistadores desearan formular en el transcurso de la entrevista.

- Repasar en voz alta las posibles respuestas, de esta manera a la vez se que practica el candidato podrá escuchar cómo sonará su voz durante la entrevista y adquirir más seguridad en sí mismo.

- Desarrollar role-plays. Es una buena idea requerir la ayuda de otra persona para simular una entrevista de trabajo y practicar la situación.

- Mientras se prepara la entrevista se debe contactar con dos o tres personas que pudieran aportar referencias profesionales, ya que, en muchas ocasiones una vez superada la entrevista laboral las empresas desean recibir referencias antes de ofrecer el puesto de trabajo.

- Las referencias deben ser aportadas, preferentemente, por antiguos jefes o supervisores aunque si la persona no posee suficiente experiencia profesional, son igualmente válidas referencias académicas aportadas por profesores o tutores.

- Aunque previamente se haya enviado el currículum vitae, es aconsejable llevar una copia del mismo a la entrevista.

Capítulo IV: Durante la Entrevista de Trabajo

Si se desea superar con éxito una entrevista de trabajo, existe una serie de puntos a tener en cuenta y llevar a cabo durante la entrevista.

- Varios días antes de acudir a la entrevista, se ha de llamar o enviar un correo electrónico para confirmar la cita, así como, localizar el lugar donde se nos ha citado con la ayuda de guías y mapas.

- Lo ideal es llegar una media hora antes de la entrevista y una vez localizado el sitio, tomarse un café o infusión en una cafetería muy cercana. Esto nos permitirá calmar los nervios y tener algo de tiempo para un último repaso de las posibles preguntas que nos harán durante la cita.

Si al llegar a la entrevista se nos pregunta si nos ha sido difícil encontrar el sitio, es buena idea comentar que se ha hecho tiempo porque se ha llegado con media hora de adelanto para asegurarse de ser puntual.

Por regla general, esto causa una buena impresión en los entrevistadores quienes pensarán que el candidato está realmente interesado y es una persona responsable.

- Si se puede, hay que llevar una copia del currículum, y si fuera el caso, de los títulos y referencias que se poseen.

- **¡Cuidado con el aspecto físico!** Se debe acudir a una entrevista bien aseado y peinado. En el caso de ser mujer, y sobre todo si se opta a un cargo medio o alto, lo mejor es llevar el pelo recogido, transmitiendo una imagen de seriedad y responsabilidad.

- El código de vestimenta para una entrevista laboral es formal. Por lo tanto, hay que evitar escotes profundos, zapatos informales, ropa de deporte, pantalones vaqueros y colores o estampados demasiado extravagantes.

  Acudir con ropa informal a una entrevista de trabajo hará pensar a la persona encargada del proceso de selección que el candidato acudirá incluso peor vestido a su lugar de trabajo y transmitirá una impresión de falta de seriedad e interés por parte del candidato.

- No se debe tutear al entrevistador si este no lo hace antes.

- Es fundamental mirar a los ojos a la otra persona pero sin intimidar (signo de honestidad) y no borrar nunca la sonrisa de la cara.

- El **lenguaje corporal** es fundamental en una entrevista de trabajo. Es importante ofrecer la mano al saludar y estrechar la mano de la otra persona con cierta firmeza, sentándose donde se nos indica con decisión y dando las gracias.

- Hay que mantener cierta postura durante la entrevista, evitando sentarse en el borde de la silla o poner los codos sobre la mesa, ya que, estas posturas transmiten inseguridad.

- Hay que evitar recostarse en la silla, transmitiendo una sensación de falta de interés o aburrimiento.

- No se han de dejar las manos bajo la mesa porque da la sensación de que se oculta algo ni cruzar los brazos frente al cuerpo porque es una postura sumamente defensiva.

- Tampoco se debe gesticular demasiado con las manos y brazos (distrae la atención del entrevistador quien no retendrá la información necesaria para tomar una decisión).

- En resumen, hay que permanecer bien sentado con la espalda recta y apoyada en la parte posterior de la silla, colocando las manos en la mesa pero manteniendo los codos fuera de ella y relajando los hombros para evitar una postura forzada.

- Es asimismo importante prestar atención al **lenguaje corporal del entrevistador** y copiarlo sin ser descarado (efecto espejo), esto hará que el entrevistador tenga la impresión de que conecta con la persona que tiene enfrente.

- Hay que evitar jugar con bolígrafos o cualquier objeto que se tenga a mano, tocarse mucho el pelo o agitarse en la silla. En resumen, se debe evitar cualquier conducta que transmita nerviosismo.

- Un buen consejo para evitar nervios es recordar que una entrevista laboral es una situación muy común y por lo tanto no es el fin del mundo.

Hay que enfocar la entrevista como una reunión con unas personas agradables durante la cual el candidato y los entrevistadores se conocerán un poco más y verán si les interesa llevar a cabo un intercambio de negocios.

- Es aconsejable demostrar algo de sentido del humor, pero sin pasarse y parecer el graciosillo de turno.

- Durante la entrevista, el candidato deberá contestar a todas las preguntas que se le hagan sin extralimitarse. No es buena idea hablar sin cesar ni tampoco contestar con monosílabos.

- Se debe encontrar un punto intermedio en el que se conteste lo que se pregunta claramente, extendiéndose un poco en la pregunta pero sin comenzar un monólogo. Lo más recomendable es que las respuestas duren entre **2 y 3 minutos**. Si el entrevistador desea saber algo más sobre un tema en concreto, hará otra pregunta.

- Es importante ponerle un encabezado a cada respuesta y desarrollarla dividiéndola en cuatro párrafos siguiendo el método **STAR**: Situación, Tarea, Acción y Resultado.

Así, el primer párrafo explicará la **Situación** en la cual se ha visto envuelto el candidato, el segundo describirá las **Tareas** encomendadas o necesarias para resolver la situación, el tercer párrafo explicará las **Acciones** llevadas a cabo y cómo se ha manejado la situación y el último expondrá el **Resultado** obtenido incluyendo ejemplos positivos para la empresa.

De este modo, el entrevistador recibirá una respuesta clara y completa, teniendo una visión global de las aptitudes y capacidades del candidato.

Por ejemplo, si el candidato es interrogado sobre sus dotes motivando al personal a su cargo una respuesta satisfactoria sería la siguiente:

Situación: Mientras trabajaba como Jefe de Departamento para la empresa...teniendo a mi cargo un equipo compuesto por X personas.

Tarea: Se me encomendó la tarea de motivar al personal a mi cargo.

Acción: De esta manera, después de analizar las habilidades y fortalezas del personal, decidí redistribuir las tareas del departamento dependiendo en habilidades y preferencias, mientras llevaba a cabo numerosas reuniones en las cuales el personal era animado a compartir ideas y soluciones.

<u>Resultado</u>: A través de esta iniciativa, el personal se mostraba más satisfecho con su trabajo, realizando en gran medida funciones para las que se sentían plenamente capacitados.

A la misma vez, las continuas reuniones participativas conseguían que el personal se involucrara en el proceso de toma de decisiones, sintiéndose más respetado, valorado y parte fundamental en un proyecto común, mientras se mejoraba el ambiente laboral.

- Se ha de pensar antes de responder e intentar ser totalmente honesto.

- Se han de utilizar **verbos de acción** como organizar, dirigir, motivar, tomar decisiones, etc.

- Hay que hacerse valer sin resultar prepotente ni suplicar por el puesto. El candidato deberá demostrar interés por el trabajo pero sin transmitir la impresión de que se está desesperado.

No es, por tanto, buena idea rebajar mucho las expectativas, ya que, esto transmite la impresión de que el candidato no se valora a sí mismo y por tanto las personas a su alrededor tampoco lo valorarán.

- Si no se ha publicado el sueldo en la oferta laboral y se pregunta sobre el salario deseado, una buena idea es devolver la pregunta y preguntar qué sueldo tenía pensado ofrecer la empresa, alegando que lo más importante no es el tema económico sino también la oportunidad profesional que se nos brinda.

- Si se posee amplia experiencia profesional y estudios, no se debe rebajar demasiado el listón en este sentido e intentar llegar a un acuerdo con la empresa.

- Si no se posee mucha experiencia, se puede decir que en estos momentos se desea enriquecer el currículum, valorándose la experiencia laboral que se nos brinda.

Cuando se está comenzando la andadura profesional, es importante ser más flexible en temas económicos y tener en cuenta otros aspectos que nos permitan engrosar el currículum para poder solicitar un sueldo más elevado en el futuro.

- Al día siguiente de la entrevista, se debe enviar un correo electrónico dando las gracias por la cita. Este pequeño detalle hace que el entrevistador entienda que el candidato está realmente interesado en el puesto y puede resultar decisivo si la persona encargada del proceso de selección tiene que elegir entre dos o tres candidatos con cualidades similares.

Cosas a evitar en una entrevista

- Llegar tarde a la entrevista. La impuntualidad denota falta de seriedad y responsabilidad y nadie desea un trabajador irresponsable en su empresa.

- Acudir a la entrevista sin asear o con vestimenta inapropiada.

- Hablar con demasiada familiaridad lo cual denota falta de respeto.

- Transmitir inseguridad. Un entrevistador nunca se arriesgará a ofrecerle un puesto, y mucho menos si se trata de un mando intermedio o alto, a una persona que demuestra no ser capaz de enfrentarse a situaciones de cierta presión.

- Parecer prepotente. Una de las mayores virtudes buscadas por los entrevistadores es el trabajo en equipo y alguien que resulta prepotente, normalmente no es capaz de trabajar en armonía con el resto del personal.

- Hablar mal de antiguos compañeros, empresas o jefes transmite la impresión de que el candidato es una persona problemática. Aparte, la persona que lleva a cabo la entrevista pensará que en un futuro, ella también será criticada.

- No demostrar modales o interrumpir al entrevistador mientras está preguntando o hablando.

- Mostrar una actitud negativa o quejarse demasiado. Nadie desea tener un compañero de trabajo que se pase todo el día quejándose o con una actitud negativa.

- Tampoco es buena idea demostrar que se enfocan los retos como problemas y no como algo positivo que nos permite crecer profesionalmente.

- Acudir a la entrevista acompañado de otra persona. Este hecho denota inseguridad y un cierto grado de inmadurez.

- No mostrar interés por la empresa o por el puesto de trabajo.

- Mantener una postura inadecuada o mirar el reloj también son indicativos de falta de interés.

- No se debe suplicar un puesto de trabajo ni rebajar demasiado las expectativas económicas pero tampoco se debe demostrar una total inflexibilidad en este sentido, demostrando que lo único que le importa al candidato es el dinero y no el puesto.

- Por lo tanto hay que encontrar un término intermedio, teniendo en cuenta el poder adquisitivo de la empresa y la experiencia laboral aportada por el candidato (cuanta menos experiencia se posea, menos se podrá negociar el sueldo final).

- Hablar sin parar y tocar temas personales. No hay que olvidar que las personas que conducen la entrevista no son nuestros amigos y por tanto no hay que hablar de ciertos temas o comenzar un monólogo.

- Pedir una bebida alcohólica cuando se nos pregunta si deseamos beber algo.

Capítulo V: Preguntas Más Frecuentes

Aunque no existen dos entrevistas ni dos entrevistadores iguales, sí que hay un número de preguntas que pueden aparecer durante el transcurso de una entrevista de trabajo. Preparar con antelación algunas de estas preguntas, hará que el candidato tenga la mitad del camino recorrido y acuda a la cita con más seguridad en sí mismo.

Existen diferentes tipos de preguntas que normalmente pueden dividirse en aquellas a través de las cuales el entrevistador desea valorar la personalidad y capacidad de comunicación del candidato y aquellas otras a través de las cuales lo que busca el entrevistador es conocer en profundidad la experiencia y capacidades del entrevistado.

Preguntas frecuentes y respuestas recomendadas

1.-¿Ha tenido problemas para encontrarnos?

Al responder SÍ se dará la impresión de no saber nada sobre la empresa y no haberse molestado en buscar la dirección en un mapa o en Internet. Por tanto la respuesta correcta es NO y si se desea impresionar al entrevistador, se debe añadir que se ha llegado media hora antes a la cita para asegurarse de encontrar la localización correcta y se hecho algo de tiempo tomando un café en una cafetería cercana.

2.-¿Desea tomar algo?

Puede contestar SÍ pero nunca pedir ningún tipo de bebida alcohólica. Si se sabe o se intuye que la entrevista puede ser larga, lo más recomendable es no ingerir ningún líquido para evitar terminar preguntando el camino hacia los servicios.

3.-Háblenos sobre usted.

Esta pregunta se ha de contestar de manera breve, resumiendo nuestros puntos fuertes. Por ejemplo, se puede decir, soy licenciado en Matemáticas, con diez años de experiencia en el sector a nivel de mandos intermedios, tomando decisiones, organizando departamentos y desarrollando proyectos innovadores y, a continuación, añadir algunos puntos fuertes demandados en la oferta laboral.

4.-Resuma su currículum vitae.

Al contestar esta pregunta es conveniente tener en cuenta los requisitos de la oferta laboral y las habilidades poseídas por el candidato que están relacionadas con la oferta.

5.-¿Por qué desea dejar su trabajo actual?

Cuidado con criticar a sus anteriores empresas o jefes, los entrevistadores lo verán como un dato negativo y se preguntarán cuánto tiempo pasará antes de que se les critique a ellos.

Lo mejor ante esta pregunta es responder que, aunque está a gusto con su actual trabajo ya no le motiva lo suficiente porque lo tiene totalmente dominado y ha sentido la necesidad de ir a por un nuevo reto en su carrera que le permita seguir creciendo como profesional y como persona.

6.-¿Cómo se ha preparado para esta entrevista?

Leyendo atentamente la oferta laboral, revisando todos mis puntos fuertes, habilidades y conocimientos y practicando role-plays con posibles preguntas y situaciones.

7.-¿Cómo puede ayudarnos a mejorar nuestro rendimiento?

Aportando mi experiencia de varios años en el sector, así como, mis habilidades, iniciativa y conocimientos en el área y mi capacidad para obtener una visión global de las posibles mejoras y retos a los que se enfrenta la empresa.

8.-Cuéntenos algo sobre sus aficiones o intereses.

Es conveniente que los intereses o aficiones estén relacionados con el puesto o demuestren iniciativa, creatividad o espíritu de superación, habilidades que se pueden traspasar al plano profesional. Por ejemplo, tener aficiones que requieran estar en contacto con más personas demuestra capacidad para trabajar en equipo, mientras que, realizar deportes demuestra espíritu de mejora y sacrificio, cualidades positivas en un ambiente profesional.

9.-¿Desea continuar con su formación académica?

Es algo que no descarto si el puesto o la empresa lo requiere porque considero que siempre se puede mejorar y adquirir conocimientos.

10.-¿Por qué eligió esta profesión?

Si siempre se ha deseado realizar esa profesión, se puede contestar que siempre se ha sentido atraído hacia ese sector, una atracción reforzada por estudios en el campo. Si se ha descubierto el camino que se deseaba seguir profesionalmente durante la etapa académica o profesional, eso es lo que se debe explicar.

11.-¿Realizaba algún trabajo o voluntariado mientras estudiaba?

Esta pregunta se debe contestar con honestidad, teniendo en cuenta que cualquier período de voluntariado o prácticas no remuneradas puede ser visto por el entrevistador como una señal de que el candidato posee iniciativa y ganas de adquirir conocimientos.

12.-¿Ha oído hablar de nuestra empresa?

Sería una buena idea realizar un pequeño ejercicio de investigación sobre la empresa. Hoy en día, cualquier empresa que se precie posee una página Web donde podemos informarnos de su historia, desarrollo, proyectos, personal y metas.

13.-¿Qué es lo que le atrajo de esta oferta?

La empresa, su historia, sus objetivos, las oportunidades profesionales que se me podrían brindar.

Además, considero que mi experiencia es la adecuada para el puesto y que puedo aportar conocimientos y años de experiencia que resultarían valiosos para la empresa. Un buen consejo es no perderse demasiado en la respuesta y evitar entrar en un monólogo sin fin.

14.-¿Qué es lo que le atrae de un trabajo?

Un nuevo reto en mi carrera profesional que me permita seguir creciendo en esta profesión.

15.-¿Le importaría si mi asistente le hace la entrevista?

La respuesta adecuada sería SÍ.

En este caso se debería solicitar otra cita y tener en cuenta que, como la empresa es la que ha tenido el problema con la entrevista, a buen seguro buscará otro hueco en la agenda.

16.-¿Cuáles, en su opinión, son los puntos fuertes de su currículum?

Esta es una pregunta clásica en cualquier entrevista de trabajo. Una buena idea es desarrollar un listado con los puntos fuertes, titulaciones, conocimientos, habilidades, virtudes y retos superados a lo largo de la carrera y tenerlos presente a la hora de contestar esta pregunta intentando relacionarlos lo máximo posible con los requisitos del puesto ofertado.

17.-¿Y los débiles?

Esta pregunta es otra clásica y suele seguir a la anterior.

Aunque a priori no lo parezca es una de las preguntas más difíciles de contestar, ya que, si se admite no ser bueno en algo existe una gran posibilidad de no ser el candidato elegido para el puesto pero si se dice que no se posee ningún punto débil puede resultar de lo más prepotente.

Una buena contestación sería: por supuesto que tengo puntos débiles como cualquier ser humano para después añadir algo como que se tiene cierta adicción al trabajo pero sin resultar obsesivo.

Incluso se puede decir que a veces es demasiado exigente con el personal a su cargo, aunque la experiencia le ha enseñado a ver que se obtienen mejores resultados dando más espacio y confiando más en el personal. En resumen, la clave está en darle la vuelta a una cualidad que a priori pudiera resultar negativa pero que bien mirada puede ser positiva.

18.-¿Dónde se ve a usted mismo dentro de cinco años?

Esta es una pregunta muy personal que se debe contestar teniendo en cuenta la progresión profesional de cada candidato y el puesto ofertado y lo que esa posición puede aportar en el currículum y experiencia personal y profesional del candidato.

19.-¿Y dentro de diez?

Se debe contestar del mismo modo que la anterior. Una buena idea es decir algo como: seguir progresando en mi carrera, adquiriendo conocimientos y experiencia en el sector que he elegido. También me veo aportando todo lo que he aprendido hasta ahora y lo que aprenderé en esos años a la empresa donde trabaje en ese momento. Importante es evitar contestar con bromas de mal gusto como: "ocupando su puesto".

20.-¿Suele hacer horas extras en el trabajo?

Si se contesta NUNCA puede ser visto como poco flexible. Si se contesta SIEMPRE puede ser entendido como demasiado flexible o incluso poco productivo dando la impresión de que se es demasiado lento e incapaz de acabar su trabajo a tiempo. Lo mejor es contestar: "sólo cuando es necesario para la empresa debido a algún proyecto o evento puntual".

21.-¿Suele llevarse trabajo a casa?

Igual que la anterior, hay que evitar contestar NUNCA o SIEMPRE y en vez de eso contestar sólo cuando es necesario aunque suelo trabajar muy duro en el puesto de trabajo y, por consiguiente, rara vez necesito llevarme trabajo a casa.

22.-¿Qué es lo que busca en un trabajo?

Un reto personal y profesional y una oportunidad para demostrar mi valía y aplicar mis conocimientos y experiencia al puesto. Hay que recordar que el entrevistador desea saber los beneficios para la empresa y, por tanto, lo que el candidato puede aportar al puesto y no lo que el puesto puede aportar al candidato.

23.-¿Por qué cree que es usted la persona adecuada para el trabajo?

Porque toda mi trayectoria tanto académica como profesional está enfocada hacia este sector y creo poseer los conocimientos y experiencia requeridos por el puesto y algunos puntos extras como...

24.-¿Tiene alguna otra fuente de ingresos extra?

Se ha de contestar NO aunque no sea la verdad, ya que, a las empresas les gusta la exclusividad y, al fin y al cabo, lo que un candidato haga fuera de su horario laboral no es asunto de la empresa.

25.-¿Qué cualidades cree que le harían sobresalir con respecto a los otros candidatos?

Hay que evitar responder algo como "soy el mejor para el puesto" porque ese puede no ser el caso. En lugar de eso se ha de responder algo como: mi experiencia previa está directamente relacionada con los requisitos solicitados por ustedes y la empresa no tendría que invertir tiempo y dinero en mi adaptación mientras que podría beneficiarse de mi experiencia y conocimientos.

26.-¿Prefiere trabajar en equipo o se le da mejor realizar proyectos de manera individual?

Una de las mayores virtudes que buscan las empresas es la habilidad de trabajar en equipo. Una buena respuesta sería que aunque se siente cómodo realizando proyectos individuales, prefiere trabajar en equipo ya que varios cerebros piensan mejor que uno y hay diversos proyectos, como la organización de conferencias o el desarrollo de amplias campañas de marketing, que se tienen que desarrollar en equipo si se desea obtener resultados satisfactorios.

27.-¿Tiene experiencia previa en un puesto similar?

La respuesta es SÍ y a continuación es recomendable dar ejemplos basándose en su experiencia profesional.

28.-¿Se considera una persona de acción o prefiere dejarse llevar?

Siempre de ACCIÓN, siendo un indicativo de liderazgo, actitud positiva, iniciativa y de no sentirse intimidado a la hora de aceptar responsabilidades. Lo indicado sería añadir algún ejemplo relacionándolo con los requisitos de la oferta laboral.

29.-¿Le asusta la responsabilidad?

La respuesta es NO seguida de un ejemplo. A un jefe le gusta saber que si un día falta al trabajo por cualquier motivo, sus trabajadores serán capaces de tomar decisiones y sacar adelante el trabajo.

30.-¿Cuáles, en su opinión, son sus mayores defectos?

Esta pregunta ha de contestarse de la misma manera que se respondería la pregunta número 17.

31.-¿Se siente cómodo tomando decisiones?

Esta pregunta se ha de contestar con un rotundo SÍ e incluir ejemplos de situaciones en las que se ha tenido que tomar decisiones difíciles con resultado positivo.

32.-¿Cómo reacciona frente a la jerarquía?

Toda empresa debe tener una jerarquía que haga más fácil la toma de decisiones conjunta y aporte una visión clara de organización. Nunca he tenido problemas con mis superiores y acepto el tener superiores como una valiosa oportunidad para aprender de sus experiencias y conocimientos.

33.-¿Ha tenido personal a su cargo?

Si uno de los requisitos principales del puesto es tener experiencia en organizar personal, es importante tener en cuenta que esta pregunta surgirá durante la entrevista y que posiblemente no se deba solicitar el trabajo si no se posee experiencia en el tema.

Si no es un requisito indispensable y no se tiene experiencia en ello, se puede responder diciendo que no se posee amplia experiencia pero que se está ansioso por disfrutar de esa oportunidad y que se considera una persona lo suficientemente madura y responsable y con la suficiente experiencia para dar ese paso. Si se posee experiencia, se debe demostrar con ejemplos prácticos basados en el currículum y trayectoria profesional.

34.-Si se encontrara en medio de un conflicto entre un empleado a su cargo y su jefe, ¿de parte de quién se pondría?

Una buena contestación es que hablaría con calma con las dos partes para recoger las dos opiniones e intentaría mediar para llegar a un acuerdo.

Si el conflicto es profesional, le recordaría a la persona a mi cargo que si mi superior ha decidido tomar una decisión sobre algún tema en particular, posiblemente es porque posee más conocimientos y experiencia en el área.

35.-No creemos que tenga la suficiente experiencia para el puesto...

Esta es una pregunta normalmente formulada para comprobar el control mental y emocional del candidato. Hay que evitar resultar muy prepotente o enfardarse, en lugar de eso se puede contestar que se ha leído atentamente los requisitos de la oferta y se cree poseer los conocimientos y experiencia requeridos y que posiblemente ellos también lo creen así porque le han concedido la entrevista.

36.-Si tuviera que resolver un conflicto laboral entre dos empleados a su cargo, ¿qué acciones tomaría?

Se puede decir que se intentará hablar clara pero calmadamente con las personas involucradas en el conflicto y escuchar ambas partes de la historia intentando mediar para conseguir resolver el problema. Lo ideal sería aportar un ejemplo práctico con resultado positivo.

37.-Defínase a usted mismo con cinco adjetivos y justifíquelos.

Hay que utilizar adjetivos de acción y justificarlos, basándose en los puntos fuertes (titulaciones, conocimientos, habilidades, virtudes) de nuestro currículum.

38.-¿Cuáles cree eran los puntos fuertes de su antiguo jefe?

Se ha de intentar ser positivo y aportar virtudes de las cuales se haya aprendido. Si no ha sido así, se puede decir que el antiguo jefe daba mucho espacio para desarrollar capacidades y confiaba en la habilidad del personal para tomar decisiones.

39.-¿Cuáles cree eran los puntos débiles de su antiguo jefe?

Hay que tener cuidado al contestar a esta pregunta, ya que, el criticar a un antiguo jefe es una de las principales razones para no progresar en un proceso de selección.

Lo más inteligente es transformar algún punto que a priori resulte negativo en positivo. Por ejemplo, se puede decir que el jefe daba mucho espacio a los trabajadores para desarrollar su trabajo sin ejercer demasiado control sobre los mismos.

Esta cualidad a priori puede resultar negativa si el subordinado no es una persona demasiado responsable pero puede resultar un dato muy positivo si el subordinado es una persona capacitada, ya que, le dará la oportunidad de crecer y madurar profesionalmente y desarrollar una gran habilidad en la toma de decisiones.

40.-¿Influenciaron los puntos débiles de su antiguo superior en su trabajo?

Se puede contestar que influenciaron positivamente al transformarse su debilidad en una oportunidad para desarrollar capacidad de liderazgo y aceptar responsabilidades.

41.-¿Qué ha aprendido a lo largo de su carrera profesional?

Esta es una buena oportunidad para desarrollar en profundidad nuestros puntos fuertes.

42.-¿Qué trabajo de los que ha desempeñado hasta el momento le ha gustado más y cuál menos?

Esta es una pregunta que requiere una respuesta personal. Lo ideal es contestar utilizando como ejemplo el trabajo que más responsabilidades incluía y la pregunta se ha de desarrollar reforzando los conocimientos y habilidades del candidato.

43.-¿Qué haría si no estuviera de acuerdo con la decisión tomada por un superior?

Le diría porque no estoy de acuerdo, justificando mi respuesta y le pediría que me explicara los motivos de su decisión. Posiblemente, mi superior tendrá más información y experiencia que yo y entendería las razones de su decisión.

44.-¿Prefiere tener un cargo importante en una compañía pequeña o trabajar para una multinacional pero no tener un cargo de tanta relevancia?

Esta es una cuestión personal pero se ha de tener en cuenta el tamaño de la compañía que nos brinda la entrevista a la hora de contestar.

Si la compañía es pequeña se puede decir que en las empresas pequeñas el trato es más personalizado y el ambiente de trabajo suele ser más familiar y acogedor.

Si la compañía es grande se puede argumentar que en una gran empresa las posibilidades de promoción son mayores y el número de proyectos a desarrollar es más elevado con lo cual se aprenderá más y se adquirirá más experiencia.

45.-¿Por qué dejó su último empleo? ¿Por qué le despidieron?

Se debe ser lo más honesto posible pero es buena idea decir que fue decisión personal o que se llegó a un acuerdo con la empresa debido al hecho de que el candidato deseaba progresar en su carrera profesional y en esa empresa ya no podía progresar más ni adquirir más conocimientos.

46.-¿Qué sueldo desearía cobrar?

Antes de contestar a esta pregunta es necesario tener en cuenta la responsabilidad del puesto al que se accede.

Se puede realizar un pequeño sondeo de mercado para saber cuál es el sueldo medio que se ofrece en puestos similares y explicar la cifra basándose en lo ofrecido en el mercado y en la experiencia profesional que se posea.

47.-¿Qué sueldo cree que deberíamos pagarle por este puesto?

Si no se posee experiencia o se tiene poca experiencia, se habrá de contestar que lo más importante en estos momentos es adquirir conocimientos y enriquecer el currículum, no siendo el factor económico lo más importante. Si se posee suficiente experiencia y conocimientos y se solicita un puesto de responsabilidad, una buena idea es preguntar cuánto está la empresa dispuesta a pagar por sus conocimientos y experiencia.

48.-¿Tiene   usted   referencias?   ¿Podríamos contactarles?

Se ha de contestar que SÍ. Es imprescindible ponerse en contacto con dos o tres personas que puedan aportar referencias profesionales, preferiblemente antiguos jefes o supervisores. Si no se posee suficiente experiencia profesional y se acaba de terminar los estudios, las referencias pueden ser aportadas por profesores o tutores.

49.-¿Cuál ha sido la situación más difícil en la que se ha visto envuelto a lo largo de su vida profesional y cómo la ha resuelto?

Se debe aportar un ejemplo de una situación problemática a la que se haya enfrentando el candidato, explicando cómo se ha actuado aportando un resultado positivo.

50.-¿Cuál ha sido el mayor reto de su carrera?

Aportar un ejemplo práctico de un proyecto que se le haya asignado y se haya conseguido un resultado positivo.

51.-¿Qué período de tiempo considera usted razonable para cambiar de trabajo?

Lo ideal es contestar que depende de los retos presentados por la empresa y el puesto en cuestión, así como, de las posibilidades de promoción interna.

52.-¿Prefiere quedarse toda la vida en una misma empresa o desarrollar su actividad profesional en diversas organizaciones?

Es aconsejable contestar quedarse en una misma empresa, ya que, transmite lealtad, una virtud muy apreciada por las empresas.

Si se ha pasado por diversas empresas, se puede justificar este hecho alegando que se buscaba nuevos retos profesionales y las empresas donde había trabajado no disponían de muchas posibilidades de promoción internas.

53.-¿Se ha visto envuelto en una situación en la que haya tenido que mediar entre alguien a su cargo y un superior acusado de comportamiento ilegal o deshonesto? ¿Cómo lo ha resuelto?

Si se ha visto en alguna situación similar, se ha de explicar la situación y presentar un resultado positivo.

Si no ha sido ese el caso, es buena idea argumentar que se hablaría con las dos partes y se escucharía las dos versiones de la historia utilizando el sentido común y el conocimiento que se tiene sobre las personas implicadas a la hora de tomar una decisión.

54.-¿Alguna vez tiene dudas sobre si será capaz de realizar su trabajo?

Por supuesto que sí, cómo cualquier otro ser humano. Esta es una buena oportunidad para describir una situación en la que se haya pensado que se enfrentaba a un reto insuperable y de la cual se ha salido airoso reforzando la seguridad en uno mismo.

55.-¿Se considera un buen jefe?

Si se contesta que no, nunca se le ofrecerá el trabajo. Lo mejor es hablar sobre sus habilidades como directivo, dando ejemplos de cómo motivar o conseguir lo mejor del personal.

56.-¿Cuáles cree que son las mayores virtudes de un jefe?

Ser un gran profesional del cual se pueda aprender.

Debe ser una persona con muchos puntos fuertes que sea capaz de motivar e incluir al personal en los proyectos de la empresa, reconociendo el esfuerzo del equipo.

57.-¿Cuál es su enfoque de cómo se debe manejar un equipo de trabajo?

Sacar lo mejor del personal, prestando atención a sus virtudes y puntos fuertes y distribuyendo las tareas de manera que se pueda obtener la mayor productividad de cada miembro del equipo.

También es importante mencionar ejemplos de motivación del personal y explicar cómo se ha conseguido involucrar al equipo en las actividades del departamento y en el proceso de toma de decisiones.

58.-¿Ha gestionado alguna vez un departamento u oficina?

Se han de potenciar los puntos fuertes del personal, distribuyendo las tareas en función de las habilidades de cada uno siempre que sea posible y a la vez involucrar al personal en las tomas de decisiones pidiéndole participar en reuniones de trabajo, haciendo que se sientan valorados y respetados y parte de un proyecto común.

59.-¿Cuál es su enfoque de cómo gestionar un departamento?

Si los requisitos del puesto ofertado requieren la gestión de un departamento, es importante poseer esta experiencia antes de decidir presentarse al puesto. Esta pregunta se ha de desarrollar ofreciendo un ejemplo.

60.-¿Cuál es su estilo directivo?

Lo mejor es hablar sobre su estilo directivo y dar ejemplos de resultados positivos.

61.-¿Se ha responsabilizado alguna vez de los presupuestos de un departamento?

Si los requisitos del puesto ofertado requieren desarrollo y control de presupuestos, es importante poseer esta experiencia antes de decidir presentarse al puesto. Esta pregunta se ha de desarrollar ofreciendo un ejemplo de la experiencia profesional en el tema.

62.-¿Supondrían un problema los desplazamientos largos para ir a trabajar?

Si se contesta SÍ se puede resultar muy inflexible y si se contesta NO dará la impresión de que se quiere pasar mucho tiempo fuera de la oficina.

Lo mejor es contestar que se está acostumbrado y que aprovecha el tiempo en el tren para adelantar trabajo o que conducir le relaja y no le importa tener que hacerlo para ir a trabajar.

63.-¿Le importaría trasladarse a otro país por motivos profesionales?

Si se le hace esta pregunta es porque la compañía tiene presencia en el extranjero y normalmente cierta flexibilidad a la hora de aceptar un trabajo fuera de las fronteras va unido a mayores posibilidades de promoción. De todos modos, eso es algo que llegará en el futuro así que por lo pronto lo mejor es contestar que NO.

64.-¿Tiene alguna otra capacidad o habilidad que pueda resultar útil en su vida profesional?

Se ha de contestar a esta pregunta aportando un ejemplo de algo que pueda resultar positivo en un puesto de trabajo.

Por ejemplo, si se ha practicado un deporte con cierta regularidad se puede comentar, ya que, el deporte aporta una serie de cualidades como espíritu de mejora y sacrificio perfectamente adaptables a la vida profesional. Si se poseen conocimientos de otros idiomas o programas informáticos, este es el momento de informar al entrevistador sobre ello.

65.-No parece tener demasiada experiencia en X ¿cómo cree que será capaz de contrarrestar esta falta de experiencia?

Esta es una pregunta para comprobar el control emocional del candidato. Lo mejor es permanecer relajado y contestar algo que quizás parece que no se posee demasiada experiencia en X pero que se poseen las habilidades necesarias para adquirir esa experiencia y que aunque al principio se tenga que realizar un esfuerzo extra para estar a la altura, se está totalmente convencido de ser capaz de cumplir con creces con las expectativas además de aportar un enfoque fresco.

66.-¿Por qué ha cambiado de trabajo tantas veces?

Hay que mantener la calma con esta pregunta y responder algo como que ya se había aprendido todo lo que el puesto podía aportar y se deseaba un nuevo reto y las posibilidades de promoción interna eran limitadas.

67.-¿Por qué ha permanecido tanto tiempo en el mismo puesto?

Una buena respuesta es porque el puesto ofrecía un gran reto e involucraba muchas responsabilidades. También, las exigencias del puesto crecieron, lo que permitió al candidato crecer junto con él.

68.-¿Considera que estaba satisfecho con su último trabajo?

Un rotundo NO puede parecer inflexible y hacer quedar al candidato como una persona inconformista e incluso problemática.

Teniendo en cuenta que no conocemos al panel seleccionador, es mejor permanecer neutral. La respuesta correcta sería decir algo como: "sí, pero decidí seguir progresando en mi carrera y buscar nuevos retos y por eso estoy aquí".

69.-¿Tiene experiencia organizando eventos?

La respuesta depende del candidato. Si la organización de eventos es uno de los requisitos exigidos en la descripción del trabajo, supuestamente el candidato posee este tipo de experiencia.

Se debe contestar a la pregunta aportando un ejemplo que incluya el desarrollo de múltiples tareas y la coordinación de recursos materiales y humanos.

70.-¿Se considera un buen comunicador?

Si se hace esta pregunta es porque para la empresa es importante que la persona elegida posea esta cualidad con lo cual contestar NO, cerraría la puerta a una posible progresión en el proceso de selección.

Por consiguiente, la respuesta es SÍ y debe ser apoyada por un ejemplo como: en el pasado he sido responsable de las relaciones externas de la empresa donde trabajaba, elaborando una extensa base de datos de clientes, proveedores y colaboradores y facilitando la comunicación y contacto entre ellos.

71.-¿Y un buen negociador?

Al igual que la pregunta anterior, si esta pregunta es formulada es porque esta cualidad es importante para el empresario. La respuesta, por consiguiente, debe ser SÍ e ir acompañada por un ejemplo.

72.-¿Cuál de sus anteriores trabajos le ha gustado más?

Intente ser honesto y procure elegir un puesto que esté relacionado con el puesto solicitado o una empresa similar a la empresa donde se participa en la entrevista de trabajo.

Es buena idea elegir un trabajo de cierta responsabilidad, ya que, esto dará la imagen de que no se teme tomar decisiones o afrontar nuevos retos.

73.-¿Y menos?

Posiblemente es mejor elegir el primer trabajo y decir que, aunque fue una buena experiencia y adquirió muchos conocimientos, fue el que menos le gustó porque era el que menos responsabilidades incluía. Cuidado con criticar a antiguos jefes, empresas o compañeros cuando se contesta a esta pregunta.

El criticar a antiguas empresas o supervisores da la impresión al seleccionador de que el candidato es una persona problemática y poco discreta.

74.-Descríbanos una situación en la que haya tenido que aplicar una solución creativa para resolver un problema.

Intente elegir un ejemplo que esté relacionado con el puesto al que se aspira. Por ejemplo, si se ha sido responsable de un Departamento de RRHH y se requería al personal entregar cuestionarios en una fecha límite, se puede decir que se decidió adelantar las fechas de entrega sin informar al personal. De esta manera, aunque se produjeran retrasos, al haberse adelantado la fecha límites, los informes todavía eran entregados a tiempo.

75.-Si usted fuera el entrevistado y yo el entrevistador, ¿qué cualidades le gustaría que tuviera el candidato?

Lo mejor es contestar las máximas posibles requeridas en la oferta laboral junto con altas dosis de seguridad, madurez, responsabilidad, habilidades comunicativas, organización, capacidad para trabajar bajo presión e iniciativa.

76.-¿Consigue siempre sus objetivos profesionales?

La respuesta adecuada es que siempre pone todo el esfuerzo y habilidades necesarias para conseguir sus objetivos profesionales, incluso si ello requiere adquirir conocimientos específicos o realizar puntualmente más tareas y horas de las especificadas, rematando la respuesta con un ejemplo positivo.

77.-¿Qué ha aprendido de sus errores?

Por supuesto la respuesta es SÍ, pero dejando claro que se han cometido errores insignificantes al principio de la carrera cuando no se poseía la suficiente experiencia y que siempre se ha aprendido de ellos, no volviéndose a cometer.

78.-¿Cómo reacciona bajo presión?

Si se formula esta pregunta es porque se espera que el candidato sea capaz de permanecer calmado en situaciones complicadas.

Se puede añadir que se ha estado en muchas situaciones similares y que la experiencia dicta que dejarse arrastrar por la situación empeora las cosas porque perder los nervios no nos permite pensar.

Por consiguiente, se enfoca la situación siendo consciente de que a lo largo de la vida personal y profesional el ser humano se ha de enfrontar a situaciones difíciles o incómodas y hay que enfocarlo como algo natural, como un problema que tiene una solución y sólo hay que resolverlo y seguir adelante.

79.-¿Cuál ha sido el mayor logro de su vida profesional?

Procure elegir un ejemplo de una situación o proyecto del que se haya salido airoso teniendo que tomar decisiones y aceptando cierta carga de responsabilidad. Es importante elegir un ejemplo de que esté relacionado con alguno de los requisitos fundamentales para el puesto al que se opta.

80.-¿Qué impresión cree que hemos sacado de usted durante esta entrevista?

Por supuesto hay que contestar que espera que una impresión muy positiva.

81.-¿Cómo trabaja en un ambiente estresante?

Manteniendo la calma en todo momento, enfocándolo como un reto y recordándome a mí mismo que soy un profesional que posee las habilidades y conocimientos necesarios para afrontar esta situación y resolverla.

Es importante añadir que los ambientes exigentes le motivan al considerarse una persona dinámica, quien no podría trabajar en un ambiente demasiado relajado porque le aburriría.

82.-¿Cuál es su estilo para dirigir equipos?

Motivador, gustándole llevar a cabo un análisis profundo de los conocimientos y habilidades de cada miembro del equipo, distribuyendo las tareas lo máximo posible dependiendo de esas habilidades y conocimientos para conseguir la máxima motivación y productividad de cada miembro del equipo.

Hacer que el equipo participe en las decisiones y desarrollo de proyectos con el fin de que se sientan más motivados y parte importante de un proyecto en común, es uno de sus principales objetivos. Poner ejemplos siendo el método STAR.

83.-¿Qué factores, en su opinión, determinan el progreso de un empleado en una empresa?

Sus conocimientos, habilidades, capacidad de adaptación al entorno y al trabajo, fidelidad a la empresa, capacidad para adquirir conocimientos nuevos y enfrentarse a retos junto con capacidad de toma de decisiones, iniciativa y habilidad para trabajar en equipo, aceptando responsabilidades. Se puede añadir alguna habilidad específica que haya sido requerida en la oferta laboral.

84.-¿Cómo trataría una situación difícil con otros colegas?

Hablando las cosas con calma y encontrando una solución aceptada por todas las partes. Poner un ejemplo de cuando se haya mediado en un conflicto y se haya salido airoso de la situación.

85.-¿Qué clase de directivo se considera?

Por supuesto se considera un buen directivo aunque teniendo en cuenta que todos somos humanos y nadie es perfecto. Sería bueno añadir algunas habilidades que se poseen o crean poseer y puedan resultar positivas a la hora de dirigir un equipo.

86.-¿Diría que trabaja bien en equipo?

Claro que sí, a nadie le gustaría escuchar un NO.

Le gusta trabajar en equipo y la experiencia le ha demostrado que se le da bien realizar proyectos en común, compartiendo información y conocimientos y ayudando a sus compañeros cuando sea necesario. Aunque también se es lo suficientemente responsable para aceptar proyectos individuales. Poner ejemplos.

87.-¿Cómo planifica sus tareas?

La buena organización de tareas es muy importante para cualquier empresa.

Una buena contestación sería haciendo un análisis de las tareas a llevar a cabo y desarrollando un listado de prioridades pero que sea lo suficientemente flexible como para adaptarse a proyectos temporales, redistribuyendo tareas si fuera necesario.

88.-¿Cómo reacciona frente al criticismo?

El criticismo puede ser realmente positivo si es un criticismo constructivo, ya que, normalmente otros son capaces de ver con más claridad errores o defectos que a nosotros se nos pueden pasar por alto. Si el criticismo es continuo y nada constructivo, entendería que esa persona tiene un problema personal conmigo e intentaría hablar con él/ella calmadamente e intentar resolver el problema. Aportar ejemplo.

89.-¿Cómo trataría a un cliente difícil?

Con calma y paciencia, demostrando entendimiento y ofreciendo una solución.

No hay que perder la calma en esta situación o entrar en un enfrentamiento verbal con el cliente que lo único que hará será enfadarle aún más y no aportará ninguna solución o beneficio. Aportar ejemplo.

90.-Ofrezca un ejemplo de una situación en la que haya tenido que utilizar su iniciativa.

Ofrecer un ejemplo que haya resultado positivo para la empresa. Si es posible, intentar que el ejemplo incluya algún requisito demandado en la oferta laboral.

91.-¿Cómo establece y cumple objetivos profesionales?

Analizando posibles mejoras a conseguir y estableciendo objetivos siguiendo un orden de prioridades. A continuación, se analizan los recursos tanto materiales como humanos, así como, los puntos fuertes y las posibles complicaciones que se vayan a encontrar en el proceso, enfocando los esfuerzos hacia esos objetivos, redistribuyendo tareas y adaptando servicios cuando sea posible y necesario. Poner ejemplo.

92.-¿Ha tenido alguna vez que maximizar los recursos de un departamento/oficina/empresa?

Si se formula esta pregunta es porque esta habilidad es importante para la empresa con lo cual es necesario dar un ejemplo positivo siguiendo el método STAR.

93.-¿Alguna vez ha identificado un reto o mejora para la empresa y lo ha llevado a cabo con resultados positivos?

Igual que con la pregunta anterior, esta habilidad será importante para la empresa. Contestar dando un ejemplo con resultado positivo.

94.-¿Ha tenido que desarrollar una estrategia empresarial cuando se ha enfrentado a un nuevo reto?

Por supuesto que sí. Dar un ejemplo con resultado positivo.

95.-¿Consigue que los equipos trabajen enfocando esfuerzos en una misma dirección?

Nunca responder con un NO. Ofrecer un ejemplo positivo, diciendo algo como que se distribuyen tareas dependiendo de conocimientos y habilidades mientras se motiva al personal haciéndolo sentir parte de un proyecto, ya que, cuando la persona acepta el proyecto como suyo se siente más animada a realizar su trabajo y obtener los objetivos fijados.

96.-¿Cómo reacciona cuando uno de los miembros de un equipo bajo su supervisión demuestra una productividad por debajo de lo deseado o comete muchos errores?

Se ha de reaccionar calmadamente teniendo en cuenta que todos somos humanos y cometemos errores y es nuestro trabajo como jefes ofrecer todas las herramientas posibles a esa persona para que pueda desarrollar su labor de manera satisfactoria.

Por lo tanto, lo ideal es desarrollar un adecuado proceso de entrenamiento y desarrollo del personal, asegurándose que los empleados reciben el entrenamiento necesario y si alguien comete un error se le dice donde está el error y se le enseña la solución para que evite ese error en un futuro pero siempre desde un punto de vista educativo y, en vez de dar órdenes o perder los estribos, hay que tener en cuenta que se trata con gente adulta y profesional.

También, hay que recordar que todo el mundo tiene sus puntos fuertes y habilidades y es una cuestión de identificarlos y sacar el máximo partido de ello.

97.-Si tuviera que comenzar su carrera otra vez, ¿qué cambiaría?

Intentar ser positivo en esta contestación y evitar criticismos. Una buena respuesta es decir que no se cambiaría nada porque esa experiencia le ha hecho ser quien es y le ha llevado hasta esta entrevista.

98.-¿Qué cree que nuestra compañía le aportará tanto a nivel personal como profesional?

Hay que contestar siendo lo más positivos posible diciendo algo como: nuevos retos y la oportunidad de trabajar en una empresa del prestigio de la suya.

99.-¿Tiene más ofertas para atender entrevistas de trabajo en estos momentos?

Responder con un NO tendría que ir acompañado por un "porque esta era la oferta que más me interesaba y con la que me siento más identificado". Lo ideal es contestar SÍ pero añadir que "esta es la que más me interesa y a la que le daría prioridad". Esta respuesta da la impresión de que candidato está pretendido por otros y si a la empresa está interesada, hará una oferta lo antes posible.

100.-¿Desea hacer alguna pregunta?

Por supuesto que SÍ. Decir que NO demuestra poco interés en la oferta y/o empresa. Esta es la oportunidad de impresionar a los entrevistadores demostrando interés pero sin resultar prepotente.

Ejemplos de preguntas que se pueden formular al final de una entrevista

¿Qué es, en su opinión, lo que diferencia a su empresa de sus competidores?

¿Qué clase de clientes/inversores/empresas desean ustedes atraer?

¿Cuáles son sus futuros planes de desarrollo?

¿Qué oportunidades de promoción tendría en su empresa?

¿Tendría personal a mi cargo?

¿Organizan numerosos eventos durante el año?

¿Con cuántas instituciones mantienen contacto o intercambian programas/proyectos?

¿Planea la empresa abrir más oficinas en otras ciudades?

¿Tendré que responsabilizarme de las comunicaciones internas/externas?

¿Cuántas personas componen la empresa y qué funciones realizan?

¿Cuántas personas participan en este proceso de selección?

Capítulo VI: Ejemplos Prácticos

A continuación se adjuntan ejemplos prácticos de currículums, cartas de presentación, cartas de agradecimiento y preparación de entrevistas.

CURRÍCULUM CRONOLÓGICO

Nombre y Apellidos

Dirección completa

Contacto: teléfono y email

Habilidades, Logros y Objetivos Profesionales: Breve descripción de conocimientos, logros y retos profesionales

Experiencia Profesional (la más reciente antes)

Fechas y **Nombre de la empresa**

Título del puesto de trabajo

- o Descripción
- o Descripción

Fechas y **Nombre de la empresa**

Título del puesto de trabajo

- o Descripción
- o Descripción

Educación

Fechas y **Nombre de la institución**

Título y nota final obtenida.

Fechas y **Nombre de la institución**

Título y nota final obtenida

Otros Datos Académicos (otros cursos realizados)

Fechas y **Título del curso**, ponencia o conferencia

Tiempo de duración

Otros Conocimientos

Informática: Programa y nivel

Idiomas: Idioma y nivel

Intereses y Aficiones

Incluir aficiones cuando aportan algo positivo o están relacionadas con el puesto ofertado.

Referencias

Disponibles si requeridas

EJEMPLO CURRÍCULUM CRONOLÓGICO CON DATOS

María Hernández Jiménez

Prudencio Morales, 38 28004 Madrid

Objetivos Profesionales: Profesional con cinco años de experiencia. Habilidad para trabajar en equipo y bajo presión, elaborando todo tipo de documentación. Mi objetivo profesional es continuar desarrollando mi carrera mientras aporto mi experiencia, habilidades y conocimientos a su compañía.

Experiencia Profesional (la más reciente antes)

2011-2003   **Sycernatic Ltd.**

Secretaria de Dirección

Funciones:

o Organización de reuniones y eventos

o Elaboración y traducción de documentos

2003-2001 **Asesoría Mars**

Auxiliar Administrativa

Tareas realizadas:

o Supervisión y puesta al día de extensas bases de datos de proveedores y clientes

o Llevar a cabo las altas y bajas

Educación

2001-1996 **Universidad Complutense de Madrid**

Licenciatura en Turismo. Nota: Notable

1996-1995 **I.E.S. San José**

P.A.U. Nota Final: 8

Otros Datos Académicos (otros cursos realizados)

2002 **Curso de Experto en Marketing**

200 horas

o Técnicas de Marketing

o Organización de eventos

o Desarrollos de planes de negocio

Otros Conocimientos

Informática: Microsoft Office nivel avanzado

Idiomas: Inglés a nivel avanzado

EJEMPLO DE CURRÍCULUM FUNCIONAL

Nombre y Apellidos

Dirección completa

Teléfono y email

Objetivos Profesionales

Breve descripción de conocimientos, logros y retos profesionales

Habilidades y Logros

Capacidad 1

Habilidades: Resumen de capacidades profesionales

Logros: Resumen de logros en esta capacidad

Capacidad 2

Habilidades: Resumen de capacidades profesionales

Logros: Resumen de logros en esta capacidad

Capacidad 3

Habilidades: Resumen de capacidades profesionales

Logros: Resumen de logros enfocados en esta capacidad

Formación Académica

2001-1996 **Nombre de la institución**

Título y nota obtenida

1996- 1995 **Nombre de la institución**

Título y nota obtenidos

Prácticas Laborales

Fechas y **Nombre de la empresa**

Título del puesto de trabajo

o Descripción

o Descripción

Fechas y **Nombre de la empresa**

Título del puesto de trabajo

o Descripción

o Descripción

Informática: Programa y nivel

Idiomas: Idioma y nivel

EJEMPLO DE CURRÍCULUM FUNCIONAL 2

Nombre y Apellidos

Dirección completa

Teléfono y email

Habilidades y Logros

Capacidad 1

Habilidades: Resumen de capacidades profesionales

Logros: Resumen de logros enfocados en esta

capacidad

Capacidad 2

Habilidades: Resumen de capacidades profesionales

Logros: Resumen de logros en esta capacidad

Capacidad 3

Habilidades: Resumen de capacidades profesionales

Logros: Resumen de logros enfocados en esta

capacidad

Experiencia Profesional

Fechas y **Nombre de la empresa**

Título del puesto de trabajo

o Descripción

o Descripción

Fechas y **Nombre de la empresa**

Título del puesto de trabajo

o Descripción

o Descripción

Formación Académica

Fechas y **Nombre de la institución**

Título y nota final obtenida.

Fechas y **Nombre de la institución**

Título y nota final obtenida

Informática: Programas y nivel

Idiomas: Idiomas y nivel

EJEMPLO DE CURRÍCULUM FUNCIONAL CON DATOS

María Hernández Jiménez

Prudencio Morales, 8- Madrid

Tfno.: 91 xxxxxx Email:xxxx@hotmail.com

Objetivos Profesionales

Después de finalizar una licenciatura en Económicas, desearía desarrollar una carrera en el sector de los negocios. Me considero una persona responsable con gran habilidad para la toma de decisiones, la organización de tareas y la coordinación de equipos de trabajo, recursos materiales y departamentos.

Habilidades y Logros

Capacidad comunicativa

Persona con dotes de negociación. Trato con clientes en diferentes congresos desarrollando gran capacidad de comunicación.

Trabajo en equipo

Trabajar en equipo me ha permitido obtener una serie de objetivos y logros profesionales.

Organización

Gran capacidad de organización con el objetivo de planificar las tareas de una manera clara y concisa.

Prácticas Laborales

2003-2001 **Agencia Mars**

Azafata de Congresos

Tareas realizadas:

o Atención e información al cliente

o Organización de diferentes eventos y resolución de problemas

Formación Académica

2001-1996 **Universidad Complutense de Madrid**

Licenciatura en Administración de Empresas

Nota media obtenida: Notable

Otros Datos Académicos (otros cursos realizados)

2002 **Curso de Experto en Marketing**

200 horas

o Técnicas de Marketing y organización de eventos

o Desarrollos de planes de negocio

Otros Conocimientos

Informática: Microsoft Office nivel avanzado

Otros Datos

Carné de conducir clase B, disponibilidad inmediata

EJEMPLO DE CURRÍCULUM COMBINADO 1

Nombre y Apellidos

Dirección completa

Teléfono y email

Objetivos Profesionales

Breve descripción de conocimientos, logros y retos profesionales

Habilidades y Logros

Capacidad 1

Habilidades: Resumen de capacidades profesionales

Logros: Resumen

de logros enfocados a la capacidad

Capacidad 2

Habilidades: Resumen de capacidades profesionales

Logros: Resumen de logros enfocados a la capacidad

Capacidad 3

Habilidades: Resumen de capacidades profesionales

Logros: Resumen de logros enfocados a la capacidad

<u>Formación Académica</u>

Fechas y **Nombre de la institución**

Título y nota final obtenida

Fechas y **Nombre de la institución**

Título y nota final obtenida

<u>Otros Datos Académicos</u> (otros cursos realizados)

Fechas y **Título del curso**, ponencia o conferencia

Tiempo de duración

o Descripción

<u>Experiencia Profesional</u> (la más reciente antes)

Fechas y **Nombre de la empresa**

Título del puesto de trabajo

o Descripción

o Descripción

Fechas y **Nombre de la empresa**

Título del puesto de trabajo

o Descripción

o Descripción

Informática: Programa y nivel

Idiomas: Idioma y nivel

EJEMPLO DE CURRICULUM COMBINADO 2

Fotografía

Nombre

Apellidos

Dirección

Teléfono

Móvil

E-mail

Objetivos Profesionales

Breve descripción de conocimientos, logros y retos profesionales.

Habilidades y Logros

Capacidad 1

Habilidades: Resumen de capacidades profesionales

Logros: Resumen de logros

Capacidad 2

Habilidades: Resumen de capacidades profesionales

Logros: Resumen de logros

Experiencia Profesional

Fechas- **Nombre de la empresa**

Título del puesto de trabajo

• Descripción

• Descripción

Fechas- **Nombre de la empresa**
Título del puesto de trabajo
- Descripción
- Descripción

Fechas-**Nombre de la empresa**
Título del puesto de trabajo
- Descripción
- Descripción

Formación Académica
Fechas   **Nombre de la institución**
Título y nota final obtenida
Fechas   **Nombre de la institución**
Título y nota final obtenida

Informática: Programa y nivel

Idiomas: Idioma y nivel

Referencias
Disponibles si fueran requeridas.

EJEMPLO DE CURRICULUM COMBINADO CON DATOS

María Hernández Jiménez

Prudencio Morales, 8- Madrid, teléfono/email

Objetivos Profesionales

Después de finalizar una licenciatura en Económicas, desearía desarrollar una carrera en el sector de los negocios. Me considero una persona responsable con gran capacidad de aprendizaje.

Habilidades y Logros

Capacidad comunicativa

Persona con dotes de comunicación y negociación. Trato con clientes en diferentes ferias y congresos desarrollando gran capacidad de comunicación.

Análisis y pensamiento estratégico

Capacidad de resolución de problemas complejos a través de los diferentes análisis necesarios.

Organización y dotes de liderazgo

Gran capacidad de organización con el objetivo de planificar las tareas y establecer prioridades.

<u>Experiencia Profesional</u> (la más reciente antes)

2011- 2033 **Sycernatic Ltd.**

Secretaria de Dirección

Funciones:

o Organización de reuniones y eventos

o Control de las agendas de directivos

o Elaboración y traducción de documentos

2003-2001 **Asesoría Mars**

Auxiliar Administrativo

Tareas realizadas:

o Supervisión y puesta al día de extensas bases de datos de proveedores y clientes.

o Llevar a cabo las altas y bajas, así como, vacaciones y demás incidencias.

<u>Formación Académica</u>

2001-1996 **Universidad Complutense de Madrid**

Licenciatura en Administración de Empresas

Nota media obtenida: Notable

Informática

Microsoft Office nivel avanzado

EJEMPLO DE CARTA DE PRESENTACIÓN

Nombre y Apellidos

Dirección completa

Teléfono y correo electrónico

Nombre de la persona o nombre de la empresa.

Puesto de la persona a la que va dirigida.

Primer párrafo: Dejar claro que puesto se solicita y cómo se ha tenido conocimiento de la oferta laboral incluyendo nombres.

Segundo párrafo: Especificar los motivos por los que se está interesado en el puesto y mencionar que se incluye el currículum.

Tercer párrafo: Resumir habilidades y logros enfocados hacia el puesto que se solicita.

Cuarto párrafo: Dar las gracias a la persona por su tiempo y especificar cuando no se estará disponible, si ese fuera el caso.

Despedida: Despedirse formal y educadamente.

EJEMPLO DE CARTA DE PRESENTACIÓN CON DATOS

María Hernández Jiménez

Prudencio Morales, 8- Madrid

Juan J. González- Departamento de RRHH

Estimado Sr. González,

Le escribo en relación al puesto de Coordinador Académico ofertado por su empresa y publicado en el periódico El País.

Como podrá apreciar en mi CV tengo experiencia coordinando departamentos académicos, siendo ésta la razón por la que me siento atraída por la oferta.

Poseo amplia experiencia como responsable de proyectos y personal involucrado en los mismos, así como, desarrollando todo tipo de documentos, conferencias y programas de estudios.

Participaría en cualquier proceso de selección que tengan ustedes a bien realizar. Me despido atentamente.

Saludos cordiales,
María Hernández Jiménez

CARTA DE PRESENTACIÓN ESPONTÁNEA

María Hernández Jiménez

Prudencio Morales, 8- Madrid

Tfno.: 91 xxxxxx Email:xxxx@hotmail.com

Juan J. González- Departamento de RRHH

Estimado Sr. González,

He tenido conocimiento de la actividad realizada por su organización y debido a la relación con mi experiencia profesional, he decidido enviarles mi currículum.

Soy licenciada en Filología Hispánica y poseo experiencia laboral llevando a cabo proyectos de investigación sobre temas académicos, así como, elaborando artículos de prensa y material de comunicación y produciendo todo tipo de documentación; ampliando fuentes de subvenciones y donaciones; organizando conferencias y seleccionando al personal a mi cargo.

Participaría gustosamente en cualquier proceso de selección o entrevista personal que tengan ustedes a bien realizar.

Atentamente,

María Hernández Jiménez

EJEMPLO DE CARTA DE AGRADECIMIENTO

María Hernández Jiménez

Prudencio Morales, 8- Madrid- Tfno.: 91 xxxxxx/ Email

Juan J. González- Responsable del Departamento de RRHH

Estimado Sr. González,

Fue un placer conocerle y poder charlar con usted sobre la oferta laboral de Asistente Ejecutivo en su empresa.

Tanto la descripción del puesto como la información aportada por ustedes durante la entrevista confirmaron mi interés en el trabajo ofertado y en su prestigiosa empresa. Estoy segura que formar parte de su empresa me aportaría una oportunidad única tanto a nivel profesional como personal.

Estoy convencida de que mi experiencia previa, mis conocimientos en el campo de las finanzas y mis habilidades, junto con mi entusiasmo y mi capacidad de adaptación, ayudará a su empresa a obtener sus objetivos profesionales.

Le quedo muy agradecida por el tiempo que se me ha prestado y el interés demostrado por ustedes, el cual es mutuo. No dude en contactarme si necesitará más información o referencias.

Esperando noticias suyas, me despido atentamente,
Nombre y apellidos y firma.

EJEMPLO DE CARTA SOLICITANDO UN FEEDBACK

Las cartas o correos electrónicos solicitando un feedback o consejo sobre una entrevista laboral deben ser cortos y lo más suaves y educados posible, enviándose cuando el candidato no ha sido seleccionado para el puesto y desea aprender algo de su entrevista laboral.

Hay que recordar que la empresa no desea recibir una larga carta de un candidato preguntando sobre los motivos por los que no se le ha elegido para el trabajo. Por tanto, hay que escribir una carta lo más corta y enfocada posible y dejando claro que lo que buscamos es un consejo para futuras entrevistas, si fuera posible, y agradeciendo el tiempo invertido en la entrevista y en el posterior consejo.

María Hernández Jiménez

Prudencio Morales, 8- Madrid

Tfno.: 91 xxxxxx Email:xxxx@hotmail.com

Juan J. González- Responsable del Departamento de RRHH

Estimado Sr. González,

Ante todo, aprovecho para agradecerle el tiempo invertido en mi entrevista y por la oportunidad que se me ha brindado.

Le estaría muy agradecida si me ofreciera algún feedback sobre mi entrevista que pudiera ser de utilidad en futuros procesos laborales, ya que, estoy muy interesada en mejorar mis puntos débiles.

Gracias por su tiempo y por la entrevista ofrecida.

Atentamente,

Nombre, apellidos y firma

EJEMPLO DE PREPARACIÓN DE ENTREVISTAS

Al prepararse para una entrevista es aconsejable practicar las respuestas en voz alta. De esta manera, el candidato se familiarizará con las respuestas y tendrá la oportunidad de detectar posibles fallos más fácilmente.

También es recomendable elaborar un listado con los requisitos del puesto y leer bien la descripción del trabajo solicitado. A continuación, se hará un esquema con tres columnas que incluya las tareas o requisitos en una columna, las situaciones en las que se han tenido que aplicar estos conocimientos en otra columna y el resultado positivo obtenido en otra columna.

Un esquema con ejemplos es ofrecido a continuación.

TAREA/ HABILIDAD	SITUACIÓN RELACIONADA CON ESTA TAREA O HABILIDAD	ACCIÓN Y RESULTADO
COORDINAR EQUIPOS DE TRABAJO	COORDINAR EQUIPOS, LLEVANDO A CABO LA SELECCIÓN DEL PERSONAL, SU ENTRENAMIENTO Y DISTRIBUCIÓN DE TAREAS	RE-DISEÑO DE LAS TAREAS DE UN DEPARTAMENTO, OBTENIENDO COMO RESULTADO UN PERSONAL MÁS MOTIVADO Y PRODUCTIVO, A LA VEZ QUE SE MEJORARON LOS SERVICIOS PRESTADOS

MANEJO DE PRESUPUESTOS	RESPONSABILIZARME DE PRESUPUESTOS DESTINADOS A DIFERENTES ACTIVIDADES Y PERSONAL	PAGO DE NÓMINAS AL PERSONAL. DESARROLLO DE CONFERENCIAS, JORNADAS, REUNIONES Y DIFERENTES ACTIVIDADES A NIVEL NACIONAL E INTERNACIONAL
MANEJO DE GRAN CANTIDAD DE DATOS	DESARROLLO DE BASE DE DATOS SOBRE CLIENTES Y PROVEEDORES	ORGANIZACIÓN DE CLIENTES Y PROVEEDORES PUDIENDO LLEVAR A CABO EXTENSAS COMUNICACIONES, ANÁLISIS E INFORMES

PLANIFICACIÓN DE RECURSOS	LA INSTITUCIÓN NECESITABA UNA BIBLIOTECA MÁS EXTENSA PERO NO HABÍA ESPACIO EN EL EDIFICIO	SE CREÓ UN ALMACÉN DONDE SE MANTENÍAN LOS LIBROS QUE PODÍAN SER SELECCIONADOS A TRAVÉS DE UN PROGRAMA INFORMÁTICO PERO SIN ESTAR EXPUESTOS, AHORRANDO ESPACIO Y ESTABLECIÉNDOSE BASES DE DATOS Y RECURSOS ONLINE.
EXPERIENCIA EN MANTENIMIENTO DE PÁGINAS WEBS	MANTENIMIENTO DE LA PÁGINA WEB DE LA EMPRESA	REDISEÑO DE LA PÁGINA WEB DE LA EMPRESA, DESARROLLO Y MANTENIMIENTO DE UNA EXTRANET

EXCELENTE CAPACIDAD DE COMUNICACIÓN INTERNA	RESPONSABLE DE UN DEPARTAMENTO Y EL PERSONAL INVOLUCRADO	DESARROLLO DE REUNIONES DONDE SE ANIMABA AL PERSONAL A APORTAR IDEAS Y SUGERENCIAS Y A PARTICIPAR EN LA TOMA DE DECISIONES, PERMITIENDO QUE EL EQUIPO SE SINTIERA INVOLUCRADO EN UN PROYECTO COMÚN Y AUMENTANDO SU PRODUCTIVIDAD
EXCELENTES HABILIDADES ORGANIZATIVAS	RESPONSABLE DE CONTROLES DE CALIDAD ANUALES	REDISTRIBUCIÓN DE TAREAS DEL PERSONAL DE MANERA TEMPORAL, ELABORACIÓN DE INFORMES Y ANÁLISIS DE RECURSOS, SUPERANDO LOS CONTROLES DE CALIDAD

EXCELENTE HABILIDAD COMUNICATIVA	RESPONSABLE DE LAS COMUNICACIONES INTERNACIONALES DE UNA INSTITUCIÓN	AUMENTAR EL NÚMERO DE ORGANIZACIONES CON LAS QUE LA EMPRESA TENÍA CONVENIOS ATRAYENDO, DE ESTA MANERA, UN MAYOR NÚMERO DE CLIENTES Y DONACIONES MIENTRAS SE INCREMENTABA EL PRESTIGIO DE LA ORGANIZACIÓN